# CARTE

DE LA

# GAULE ANCIENNE

INDIQUANT L'ANCIENNETÉ ET L'IMPORTANCE RELATIVES

DES

# VOIES ROMAINES

D'APRÈS LES

ITINÉRAIRES D'ANTONIN ET DE LA TABLE DE PEUTINGER

PAR

HAYAUX DU TILLY

PARIS
ABEL PILON, ÉDITEUR
33, RUE DE FLEURUS, 33

1875

# CARTE

DE LA

# GAULE ANCIENNE

INDIQUANT L'ANCIENNETÉ ET L'IMPORTANCE RELATIVES

DES

# VOIES ROMAINES

D'APRÈS LES

ITINÉRAIRES D'ANTONIN ET DE LA TABLE DE PEUTINGER

PAR

HAYAUX DU TILLY

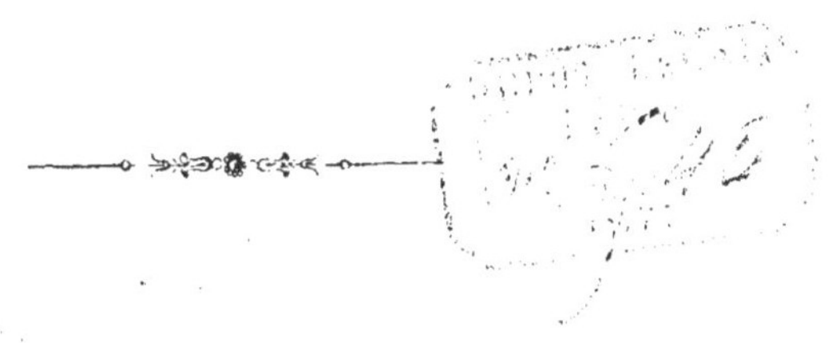

PARIS

ABEL PILON, ÉDITEUR

33, RUE DE FLEURUS, 33

1875

# LÉGENDE :

Itinéraires d'Antonin.

Route *per compendium.*

Itinéraires de la Table.

Route *per compendium.*

Routes existant réellement, mais qui ne sont mentionnées ni dans Antonin ni dans la Table.

# CARTE

DES

# VOIES ROMAINES

## DANS LES GAULES

Sur les cartes en noir ou même en couleur, les voies romaines sont uniformément signalées par une simple ligne ponctuée. L'œil en peut suivre la trace, sans doute ; mais il est difficile, à moins d'un grand effort de mémoire ou d'attention, de les distinguer entre elles ; et, par suite, de déterminer *l'importance* ou même *l'ancienneté relative* de ces voies, qui se présentent toutes sous le même aspect. Cette disposition nous ayant paru insuffisante et de nature à engendrer la confusion, nous avons songé à distinguer les voies par des *couleurs différentes* permettant de reconnaître à première vue d'après quel document elles ont é é tracées.

Ainsi, nous avons fait ressortir *en rouge* les voies mentionnées aux itinéraires d'Antonin, et *en bleu* celles de la Table de Peutinger. En outre, nous avons indiqué *en vert* les voies qui ne sont inscrites ni aux itinéraires d'Antonin ni dans la Table, et qui cependant ont existé ou existent encore incontestablement sur le terrain.

Cette carte, relevée avec le plus grand soin, fait ressortir immédiatement les routes mentionnées à la fois dans les deux documents ou par chacun d'eux séparément ; les sections où ces routes se confondent et les points où les tracés sont différents.

Enfin, les routes *per compendium* sont indiquées d'une manière spéciale par des lignes au trait rompu ou ressortent d'elles-mêmes.

La distinction des tracés par des couleurs différentes a une importance considérable dont nous allons faire comprendre la portée.

Si nous admettons, ce qui, pensons-nous, n'est contesté par

personne, que les itinéraires d'Antonin *offrent toutes les garanties d'un travail officiel*, répondant à des nécessités pratiques, absolument comme cela se passerait de nos jours, nous reconnaîtrons que ce document a dû, logiquement, comprendre toutes les voies stratégiques qui existaient à cette époque.

Par un raisonnement inverse, nous reconnaîtrons que, dès lors qu'une voie n'est pas mentionnée aux itinéraires d'Antonin, c'est qu'elle n'existait pas encore au moment de la rédaction de ce document *officiel*, ou qu'elle n'avait pas le caractère des voies stratégiques, et que, par cela même, elle avait peu d'importance.

Mais si nous considérons que les itinéraires d'Antonin ont été dressés et publiés avant les itinéraires de la Table de Peutinger, nous nous appuierons alors sur un *fait et nous nous croirons fondé à dire que les routes mentionnées aux itinéraires d'Antonin sont plus anciennes que celles qui sont décrites par les itinéraires de la Table*.

Et, comme ces voies sont rendues plus distinctes et reconnaissables à première inspection par des couleurs différentes, nous pensons faire ressortir ainsi leur ancienneté relative, sinon entre elles toutes indistinctement, au moins entre celles qui sont décrites dans l'un ou l'autre document.

En outre, ces couleurs différentes rendent plus sensible et font mieux comprendre l'importance relative des différentes voies mentionnées dans chacun des deux documents; nous dirions, volontiers, dans chacun des deux réseaux.

Ainsi, quand nous voyons un itinéraire de la Table se confondre avec un itinéraire d'Antonin, nous ne considérons le tracé de la Table que comme faisant un double emploi avec la route déjà décrite dans Antonin.

Mais lorsque, sur une même route, nous trouvons dans la Table *une variante* comparativement au texte d'Antonin, *nous estimons que le tracé de la variante est postérieur en date au tracé de la voie des itinéraires d'Antonin*.

Enfin, nous dirons encore que le *compendium*, par cela seul qu'il est un *compendium*, c'est-à-dire une route abrégée ou raccourcie, *est logiquement de construction moins ancienne que* la voie qui desservait primitivement les localités auxquelles le *compendium* a servi de trait d'union plus direct.

Si les considérations qui précèdent sont justes, et l'avis de quelques personnes compétentes nous porte à le penser, nous formulerons les règles suivantes :

1° Les itinéraires d'Antonin étant un travail officiel ont dû naturellement comprendre toutes les voies stratégiques qui existaient lors de la confection de ce document;

2° Par contre, le seul fait qu'une route n'est pas mentionnée dans Antonin prouve qu'elle n'existait pas encore ou qu'elle n'avait pas le caractère important des voies stratégiques;

3° Une voie *per compendium*, par cela seul qu'elle est plus courte et abrége les distances, est logiquement postérieure en date à celles primitivement établies, et à l'égard desquelles il y a *compendium;*

4° Les itinéraires de la Table devant être considérés comme postérieurs à ceux d'Antonin, il est aisé de reconnaître l'ancienneté comparative des voies citées dans les deux documents;

5° Presque tous les itinéraires de la Table offrant des *compendia*, par rapport aux voies d'Antonin, on peut, à bon droit, considérer ce document comme une table complémentaire ou table de *compendia.*

Nous nous réservons de rechercher plus tard l'ancienneté relativement entre elles des voies citées dans un même document.

Cette carte fait toucher du doigt l'erreur commise par Strabon, et depuis reproduite de confiance par tous les géographes, erreur qui a fait partir de Lyon quatre routes qui, en réalité, avaient leur centre de rayonnement à Vienne. Lyon n'était, en fait, qu'une ville de passage.

L'examen de notre carte fait encore ressortir deux points très-intéressants :

Le premier, c'est qu'à l'ouest du Rhône et de la Saône jusqu'à Chalon, aussi bien qu'à l'ouest de la Loire, de Decize à Orléans, et au midi de la Seine, de Paris à la mer, c'est-à-dire dans la plus grande partie des Gaules, les Romains n'ont point établi dès l'abord de voies pour se mettre en communication directe et rapide avec les différents peuples de ces contrées. N'ayant point eu, pour ainsi dire, à les soumettre par la force des armes, ils n'avaient ni à les redouter ni à les contenir; aussi les avaient-ils, en quelque sorte, laissés à l'écart, pour s'occuper plus particulièrement de leurs relations avec les peuples plus belliqueux des deux Belgiques et des Germanies. — Nous devons cependant signaler une exception pour la voie romaine construite de *Coriallum*, près de Cherbourg, à Rennes, en vue de contenir les deuxième et troisième Lyonnaises.

La soumission de l'Aquitaine était assurée par le voisinage de la province narbonnaise.

Aussi les Romains, pour communiquer avec les peuples situés à l'ouest des Gaules, s'étaient-ils contentés d'abord des communications déjà établies dans le pays, c'est-à-dire des anciennes voies gauloises, dont quelques-unes ont été romanisées postérieurement aux itinéraires d'Antonin.

Le second point que nous devons faire ressortir, c'est que la voie Aurélienne a été conduite d'Arles à Narbonne et aux Pyrénées, sans jeter nulle part aucun embranchement, puis, qu'elle a pénétré directement en Espagne, servant ainsi de tête de ligne aux voies qui ont été établies dans ce pays.

Après la construction de ce qu'on pourrait appeler le réseau espagnol, deux voies de ce réseau, partant l'une de Saragosse (CXX) et l'autre d'Astorga (CXXI), ont été dirigées vers le nord pour traverser les Pyrénées et se continuer sur Dax et Bordeaux.

Partant de cette dernière ville, l'itinéraire d'Antonin (CXXII, *de Bordeaux à Autun*) nous conduit d'Aquitaine en Gaule par deux routes : l'une, *section A*, par Saintes, Poitiers, Argenton et Bourges jusqu'à Autun, où elle vient se raccorder au réseau des voies déjà construites à l'est de la Loire et du Rhône ; l'autre, *section B*, (*de Bordeaux à Argenton*), par Agen, Périgueux et Limoges jusqu'à Argenton, où elle se confond avec la section A dont il vient d'être question.

Le fait que nous signalons vient encore à l'encontre de l'opinion de Strabon en ce qui concerne les quatre grandes voies qu'il fait partir de Lyon.

Non-seulement ces routes ne partaient pas de Lyon, mais on peut dire qu'une seule tout au plus a pu être construite par Agrippa : la troisième, celle qui se dirigeait *ad oceanum, ad Bellovacos et Ambianos*.

La première, *ad Santones per Cevenos montes*, n'est pas *en réa-*

*lité* conforme à son titre, puisqu'elle vient *a Santonis*, de Bordeaux à Autun, et qu'elle passe au nord des Cévennes sans les traverser pour aboutir à Autun, c'est-à-dire à 134 milles de Lyon.

La seconde, *ad Rhenum*, n'est pas une route homogène, puisqu'elle n'est composée que de sections empruntées à divers itinéraires ; ce qui donne à penser que sa construction n'est pas l'œuvre d'un seul homme.

La quatrième enfin, *ad Mediterraneum mare et Massiliam*, n'est pas davantage l'œuvre d'Agrippa. Cette communication existait avant lui au moyen de la *via Domitia* qui, de Milan, se dirigeait par un tronçon commun jusqu'à *Vapincum* (Gap) et de là envoyait deux embranchements, l'un sur Arles, l'autre sur Vienne. La voie directe par Orange et Avignon n'existait pas encore.

En présence de ces faits *matériels*, il est permis de se demander ce qu'il faut penser de l'assertion de Strabon, en ce qui concerne les quatre grandes voies qu'il fait partir de Lyon.

Nous en trouvons l'explication naturelle dans ce fait que César, en même temps qu'il faisait rendre par le Sénat un décret ordonnant la mensuration de tous les pays soumis par les armes romaines, a dû étudier et présenter un projet, — un avant-projet, dirions-nous aujourd'hui, — faisant connaître les principales voies dont il jugeait l'établissement nécessaire. Ce projet d'ensemble devait comprendre les quatre voies dont parle Strabon, en leur donnant comme point de départ la ville de Lyon nouvellement soumise et où César comptait transporter le principal siége de la puissance romaine dans les Gaules.

Aussi est-il vraisemblable que Strabon a eu connaissance de ce projet, et qu'il en a parlé comme si les voies avaient été exécutées telles qu'elles avaient été projetées et construites par un seul homme, Agrippa ; tandis qu'en réalité leur construction n'a pas été faite d'un seul jet dans chaque direction, comme le texte de Strabon semblerait l'indiquer et, qu'au contraire l'exécution paraît s'être écartée du projet primitif, tant pour le plan et le tracé que pour le temps et les hommes.

Sans aller jusqu'à dire qu'Agrippa n'aurait été que l'exécuteur du testament de César, on peut, sans faire tort à sa gloire, reporter à César le mérite de la conception du plan d'ensemble, dont l'exécution n'a pu être entreprise ni achevée par un seul homme.

En suivant sur notre carte le texte des itinéraires, il est aisé de reconnaître une méthode simple et claire à la fois, qui permet de déterminer, au moins d'une manière générale, *l'importance relative des voies entre elles.*

Nous pensons que l'application des règles que nous venons de poser peut substituer la clarté à la confusion dans l'étude des voies romaines.

Prenant notre carte comme un simple *guide visuel*, on pourra travailler sur toutes les cartes les plus détaillées avec la certitude de ne pas confondre les voies d'Antonin ou de la Table avec celles qui ont été établies depuis en grand nombre.

De la sorte, il ne sera plus possible d'attribuer arbitrairement *l'importance ou l'ancienneté relative des grandes voies* à des tronçons qui ont bien réellement le caractère des routes anciennes, mais qui n'ont, en fait, d'autre mérite que d'avoir appartenu à des voies romaines de 3e ou 4e ordre.

L'étude des voies romaines étant ainsi déblayée de nombreuses causes d'erreurs et renfermée dans des règles précises, il est permis de penser qu'on pourra marcher plus sûrement vers la vérité.

Si nous avons vu juste, notre idée sera reprise par de plus habiles que nous, qui sauront lui faire produire tout le bien qu'on peut en attendre.

La carte que nous avons dressée n'est que la première partie d'une étude comparative des itinéraires d'Antonin et de la Table. Quoique ce travail ait été traité bien des fois et par les hommes les plus savants, nous l'abordons à notre tour malgré notre insuffisance; nous espérons présenter quelques aperçus nouveaux et nous faire pardonner notre témérité.

PARIS. — IMPRIMERIE Vve P. LAROUSSE ET Cie, RUE NOTRE-DAME-DES-CHAMPS, 49.

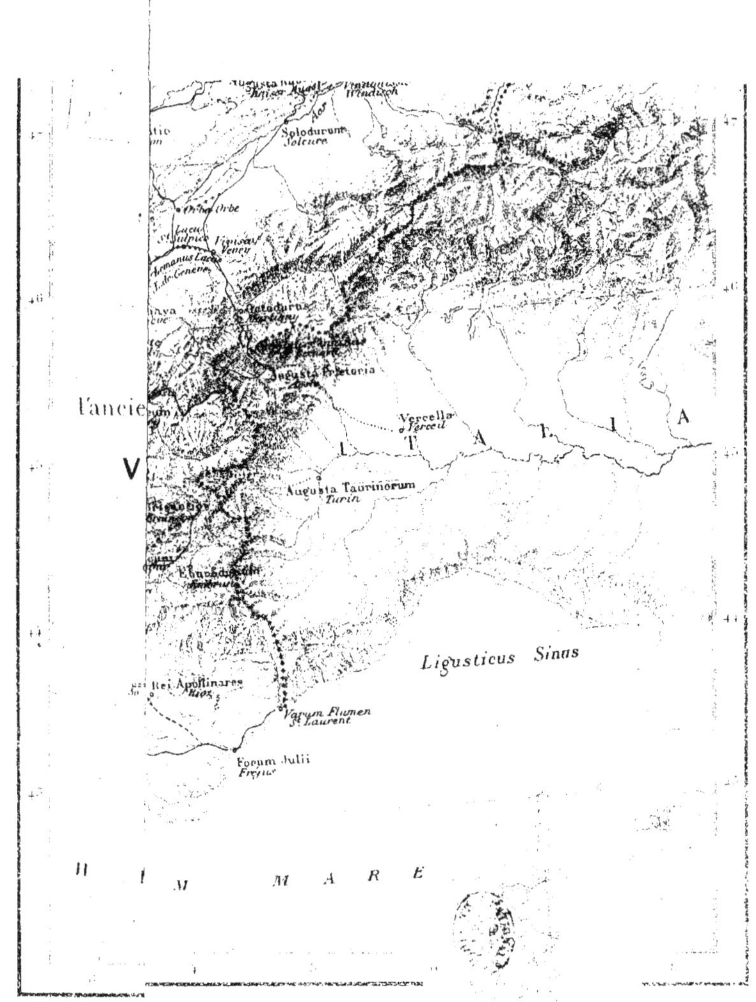


Tracé d'après la
Gravé et Imprim

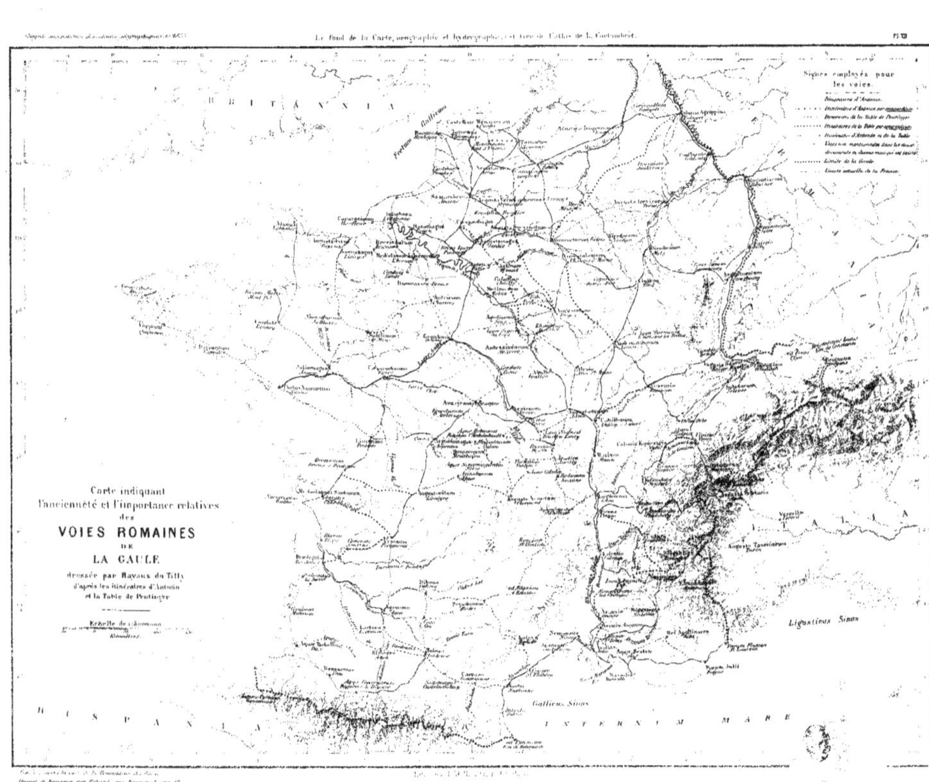
Carte indiquant
l'ancienneté et l'importance relatives
des
VOIES ROMAINES
DE
LA GAULE
dressée par Bayaux du Tilly
d'après les itinéraires d'Antonin
et la Table de Peutinger
Echelle de
Kilomètres
Signes employés pour
les voies.
B R I T A N N I A
H I S P A N I A
I T A L I A
Ligusticus Sinus
Gallicus Sinus

PARIS
Vve P. LAROUSSE & Cie
Imprimeurs
RUE NOTRE-DAME-DES-CHAMPS
No 49
Et fuit lux

www.ingramcontent.com/pod-product-compliance
Lightning Source LLC
LaVergne TN
LVHW010216230826
846091LV00008BB/3543

* 9 7 8 2 3 2 9 6 2 6 0 5 5 *